MW00888360

Name

Address

Made in the USA
Monee, IL
27 April 2022

95524272R00059